¿Has Llenado una Cubeta Hoy?

Una Guía Diaria de Felicidad para Niños

Escrito por Carol McCloud
Ilustrado por David Messing

Bucket Fillosophy

BUCKET FILLOSOPHY® es un impreso de Bucket Fillers, Inc.
PO Box 255, Brighton, MI 48116 • (810) 229-5468
www.bucketfillers101.com

Lista de menciones de la Autora

En los años 1960s, Dr. Donald O. Clifton (1924-2003) primero creó la historia "El Cucharón y La Cubeta" que se ha pasado de generación a generación. El Dr.Clifton más tarde fue el co-autor de uno de los libros más vendidos del #1 *New York Times* que se llama "*¿Está lleno su cubo?*" y fue nombrado el Padre de la Psicología de Refuerzos.

Un porcentaje de las ganancias de este libro serán donadas al "Salvation Army" (el Ejercito de la Salvación) una organización dedicada, ha servido y modelado compasión y amor hacía otros por más que cien años.

Derechos de la autora © 2012, 2017 por Carol McCloud

Ilustrado por David Messing
Rediseñado por Glenn Zimmer
Traducido por INTER-LINGUA, www.Inter-Lingua-Online.com.

Biblioteca del Congreso Catalogo de Publicación de Data

Nobres: McCloud, Carol. | Messing, David, ilustrador.
Título: ¿Has llenado una cubeta hoy? una guía diaria de felicidad para niños / escrito por Carol McCloud ; ilustrado por David Messing.
Descripción: Brighton, MI : Bucket Fillosophy, 2017. | Sumario: El concepto de una cubeta invisible y un vaciador anima comportamiento amable y considerado, desalienta el mal comportamiento, y enseña los beneficios de relaciones positivas.
Identificadores: ISBN 9780996099950
Asignaturas: JUVENIL/AYUDA DE SI MISMO.
Impreso en papel reciclado en los Estados Unidos.
10 9 8 7 6 5 4 3 2

Introducción por Autora Carol McCloud

Este libro fue publicado primero en inglés en 2006 para enseñar niños pequeños, principalmente los de las edades 4-9, como ser llenadores de cubetas. Desde entonces, el llenado de cubetas se ha extendido por todo el mundo para ayudar a millones de personas de todas las edades sentir más feliz y tener una vida más gratificante. En esta edición revisada y actualizada, los verbos "vaciar cubetas" y "intimidar" han tomado el lugar de los sustantivos "vaciador de cubetas" y "bravucón" para proveer mejor entendimiento a los lectores que "vaciar las cubetas" y "intimidar" son formas de comportamiento negativo (que estamos haciendo) y no son etiquetas permanentes (quienes somos). También, los lectores aprenderán que puedes llenar o vaciar tu propia cubeta.

Aprendí por primera vez del llenado de cubetas en un taller para los maestros de niños pre-escolares en los años 1990. La conferenciante, un experto en investigación cerebral, dijo que es bueno imaginar que cada persona nace con una cubeta invisible. La cubeta representa la salud mental y emocional de la persona. No puedes ver la cubeta, pero allí está. Ella dijo que es la responsabilidad primaria de los padres y quienes se hacen cargo de ellos de llenar la cubeta del niño. Cuando usted sostiene en sus brazos, acaricia, alimenta, toca, canta, juega, y provee atención amorosa, seguridad, y cuidado, usted llena la cubeta de un niño. Al dar ese amor, llenamos las cubetas.

Además de ser amados, se les debe enseñar como amar a otros. Los niños que aprenden a expresar bondad y amor viven una vida más feliz. Cuando quieres a otros y demuestras amor con lo que dice y hace, usted se siente mejor y también llena su propia cubeta.

Así cuando lee este libro con los niños, úselo como una oportunidad de modelar este concepto de llenar sus cubetas. Dígales el por qué son especiales para usted. Ayúdeles a imaginar que pueden llenar la cubeta de otras personas y que pueden decir o hacer para llenar una cubeta. Dígales sobre la cubeta que usted llenó ese día. Practica con ellos para lograr ser llenadores de cubetas diario. Muy pronto ellos tendrán la experiencia de orgullo y la alegría de llenar cubetas.

Aprende más como llenar cubetas por medio de nuestra página en internet, **www.bucketfillers101.com**, y inscríbase con nuestro boletín gratis, BUCKET FILLOSOPHY® 101. Siga llenando las cubetas y su cubeta estará llena siempre.

Todo el día, todas las personas en el mundo caminan llevando una cubeta invisible.

All day long, everyone in the whole wide world
walks around carrying an invisible bucket.

4

No la puedes ver, pero está ahí.

You can't see it, but it's there.

Tú tienes una cubeta.
Cada miembro de tu familia tiene una cubeta.

You have a bucket.
Each member of your family has a bucket.

6

Tus abuelos, amigos, y vecinos todos tienen cubetas.

Your grandparents, friends, and neighbors all have buckets.

Todos llevan una cubeta invisible.

Everyone carries an invisible bucket.

Tu cubeta tiene solo un propósito.
Your bucket has one purpose only.

Sirve para guardar tus buenos pensamientos y sentimientos sobre tí.

Its purpose is to hold your good thoughts and good feelings about yourself.

8

Te sientes bien y feliz cuando tu cubeta está llena,

You feel happy and good when your bucket is full,

y al contrario, te sientes triste y solo cuando tu cubeta está vacía.

and you feel sad and lonely when your bucket is empty.

Las demás personas se sienten también de esa forma.

Other people feel the same way, too.

Están contentas cuando sus cubetas están llenas y están tristes cuando sus cubetas están vacías.

They're happy when their buckets are full and they're sad when their buckets are empty.

Es excelente tener una cubeta llena y así es como se logra . . .

It's great to have a full bucket and this is how it works . . .

Otras personas pueden llenar tu cubeta y tú puedes llenar las suyas. Puedes llenar tu propia cubeta, también. Así, ¿cómo llenas una cubeta?

Other people can fill your bucket and you can fill theirs. You can fill your own bucket, too.
So, how do you fill a bucket?

Llenas una cubeta cuando le demuestras amor a alguien, cuando haces o dices algo amable, o solo cuando sonríes con alguien.

You fill a bucket when you show love to someone, when you say or do something kind, or even when you give someone a smile.

Eso, es ser un llenador de cubetas.

That's being a bucket filler.

Un llenador de cubetas es una persona cariñosa y compasiva que dice y hace cosas buenas para hacer que los demás se sientan especiales.

A bucket filler is a loving, caring person who says and does nice things to make others feel special.

Cuando tú tratas a los demás con bondad y respeto, llenas su cubeta.

When you treat others with kindness and respect, you fill their bucket.

Pero, tú también puedes quitar cosas de una cubeta y sacar algunos de los buenos sentimientos. Vacías una cubeta cuando te burlas de alguien, cuando haces o dices cosas malas, o aún cuando ignoras a alguien.

But, you can also dip into a bucket and take out some good feelings. You dip into a bucket when you make fun of someone, when you say or do mean things, or even when you ignore someone.

Eso es vaciar cubetas.

That's bucket dipping.

Ser bravucón es vaciar la cubeta.

Bullying is bucket dipping.

Cuando haces daño a otros, tú vacías sus cubetas.
Vas a vaciar tu propia cubeta, también.

When you hurt others, you dip into their bucket. You will dip into your own bucket, too.

Muchas personas quienes meten la mano a la cubeta tienen una cubeta vacía. Ellos pueden creer que pueden llenar su cubeta al meter la mano en la cubeta de otros . . . pero esa nunca va a funcionar.

Many people who dip have an empty bucket. They may think they can fill their own bucket by dipping into someone else's . . . but that will never work.

Nunca vas a llenar tu cubeta cuando metes la mano a la cubeta de otra persona.

You never fill your own bucket when you dip into someone else's.

16

Pero ¿adivina qué?
Cuando llenas la cubeta de alguien,
¡llenas tu cubeta, también!

But guess what? When you fill someone's bucket,
you fill your own bucket, too!

Tú te sientes bien cuando ayudas a los demás a sentirse bien.

You feel good when you help others feel good.

Todo el día, estamos llenando o vaciando las cubetas con lo que decimos y hacemos.

All day long, we are either filling up or dipping into each other's buckets by what we say and what we do.

Trata de llenar una cubeta y ver que pasa.

Try to fill a bucket and see what happens.

Tú amas a tu mamá y a tu papá. ¿Por qué no les dices que los amas? Incluso puedes decirles porqué.

You love your mom and dad. Why not tell them you love them? You can even tell them why.

Tus palabras cariñosas van a llenar sus cubetas con alegría.

Your caring words will fill their buckets with joy.

Mira como las sonrisas iluminan sus caras. También te van a dar ganas de sonreír. Una sonrisa es una buena señal de que has llenado una cubeta.

Watch for smiles to light up their faces. You will feel like smiling, too.
A smile is a good clue that you have filled a bucket.

Si practicas, vas a llegar a ser un gran llenador de cubetas.

If you practice, you'll become a great bucket filler.

Sólo recuerda que todas las personas cargan una cubeta invisible y piensa que puedes hacer o decir para llenarla.

Just remember that everyone carries an invisible bucket,
and think of what you can say or do to fill it.

Aquí hay algunas ideas para tí.
Puedes sonreír y decir "¡Hola!" al conductor del camión escolar.

Here are some ideas for you.
You could smile and say "Hi!" to the bus driver.

Él también tiene una cubeta.

He has a bucket, too.

Puedes invitar al niño nuevo de la escuela a jugar contigo.

You could invite the new kid at school to play with you.

Puedes escribir una nota de agradecimiento a tu maestra.

You could write a thank-you note to your teacher.

Podrías decirle a tu abuelo que te gusta pasar el tiempo con él.

You could tell your grandpa that you like spending time with him.

Hay muchas maneras de llenar una cubeta.

There are many ways to fill a bucket.

Llenar cubetas es una actividad fácil y divertida.
No importa si eres jovén o viejo.
No cuesta dinero.
No toma mucho tiempo.

Bucket filling is fun and easy to do.
It doesn't matter how young or old you are.
It doesn't cost money.
It doesn't take much time.

Y recuerda, cuando llenas la cubeta de alguien, también llenas tu cubeta.

And remember, when you fill someone else's bucket, you fill your own bucket, too.

Cuando eres un llenador de cubetas, haces que tu casa, escuela, y vecindario sean mejores lugares para todos.

When you're a bucket filler, you make your home, your school, and your neighborhood better places for all.

El relleno de cubetas hace que todos se sienten bien.

Bucket filling makes everyone feel good.

Así es que, ¿por qué no decides ser un llenador de cubetas hoy y todos los días? Empieza cada día diciéndote,

So, why not decide to be a bucket filler today and every day? Just start each day by saying to yourself,

"Voy a hacer algo para llenar la cubeta de alguien hoy."

"I'm going to do something to fill someone's bucket today."

Y al terminar el día, pregúntate, "¿Llené una cubeta hoy?"

And, at the end of each day, ask yourself, "Did I fill a bucket today?"

"¡Sí, lo hice!" Esa es la vida de un llenador de cubetas . . .

"Yes, I did!" That's the life of a bucket filler . . .

¡Y ese eres TÚ!

And that's YOU!

Sobre la Autora:

Carol McCloud, la Dama de la Cubeta, y su Equipo de Llenadores de la Cubeta, enseñan la importancia de llenar la cubeta a los maestros, negocios/comerciantes, grupos comunitarios, iglesias, y niños. Así como una especialista en edad pre-escolar, Carol sabe que los patrones de auto-estima se generan a una edad muy temprana y son alimentados por otras personas. Carol es presidente de "Bucket Fillers, Inc.", una organización educativa en Brighton, Michigan, que se dedica crear llenadores de cubetas en las familias, las escuelas, los lugares de trabajo, y las comunidades. Ella vive en Venice, Florida con su esposo, Jack.
Visite a www.bucketfillers101.com.

Sobre el Ilustrador:

David Messing, es artista de toda la vida, ilustrador, dibujante de caricaturas, escultor, escritor, y profesor. Por treinta años, Dave, junto con su esposa, Sandy, y en los años más recientes sus hijos, Scott, Kevin y Adam, han enseñado en la escuela de arte que es propiedad familiar. Aún Dave ha trabajado muchos años diseñando y construyendo utilería, juegos, y miniaturas para comerciales filmados e impresos y casi cada fabricante automotriz, su actual pasión es dibujar caricaturas y ilustrar libros.
Visite a www.davidmessingstudio.com.